Augsburg
lieben lernen

*Der perfekte Reiseführer für einen unvergessli-
chen Aufenthalt in Augsburg inkl. Insider-Tipps
und Packliste*

Annika de Buhr

Alle Ratschläge in diesem Buch wurden sorgfältig erwogen und geprüft. Eine Garantie kann dennoch nicht übernommen werden. Eine Haftung für jegliche Personen-, Sach- und Vermögensschäden ist daher ausgeschlossen. Die Benutzung dieses Buches und die Umsetzung der darin enthaltenen Informationen erfolgt ausdrücklich auf eigenes Risiko.

✈ INHALT

Das erwartet Sie in diesem buch

Städtereisen sind abenteuerlich. Das steht außer Frage! Sicher, der typische „Abenteuerurlauber" wird kopfschüttelnd in die Natur verschwinden. Aber die echte Kunst ist es doch, sich in einem völlig fremden Gassengewirr zu orientieren, wenn die Häuser so hoch sind, dass nur ein kleines Stück Himmel zu sehen ist. Wenn man dann mit schweren Koffern unterwegs ist, schon eine lange Reise hinter sich hat, hundemüde ist und partout das Hotel nicht findet – das, ja das ist ein Abenteuer!

Zusammen mit Freunden lässt sich eine solche Situation vielleicht noch mit Humor ertragen, aber allein... das sind die Erlebnisse, die man nie wieder vergisst.

Dieser Reiseführer soll Sie bei einer abenteuerlichen Städtereise begleiten. Er soll Ihr Freund sein, Ihr Retter in der Not, den Sie in die Hand nehmen, wenn Sie nicht mehr weiter wissen. Er wird Sie über die wichtigsten Sehenswürdigkeiten Augsburgs genauso informieren wie über unbekanntere, nicht klassische Aktivitäten, die Sie nicht in jedem Reiseführer finden. Natürlich werden Sie erfahren, wie Sie überhaupt nach Augsburg kommen, und was Sie unbedingt mitnehmen müssen – so kann man beispielsweise nicht nach Augsburg fahren, ohne etwas über die Puppenkiste zu lernen. Sie werden aber auch erfahren, welche UNESCO-Auszeichnungen die Stadt bekommen hat, und ob und wie Naturschutz und Stadtplanung hier miteinander vereint werden. Sie können berühmte Gebäude und Kirchen genauso anschauen wie die Blumen im Botanischen Garten und Tiere im Tierpark und im Reiseführer sind einige Möglichkeiten genannt, Sport zu treiben. Denken Sie also daran, das richtige Schuhwerk einzupacken!

Die typische Reisezeit ist sicherlich der Sommer – auch wenn er die Nachteile von großer Hitze und großen Touristenandrängen mit sich bringt. Es ist aber völlig Ihnen überlassen, wann Sie anreisen wollen: Die Stadt Augsburg hat seinen Gästen zu jeder Jahreszeit andere Highlights zu bieten.

Augsburg – eine Frühlingsstadt

Augsburg – den Namen kennt man, da gibt es doch so eine Puppenkiste, aber wo genau liegt es? Eine Kleinstadt in der Bayrischen Provinz – oder halt, war es Baden-Württemberg? In Augsburg spricht man schließlich Schwäbisch ...

Tja, als Augsburger hat man es nicht unbedingt leicht. Die Geografie wird von Fremden leicht durcheinandergebracht – Schwaben ist (nicht vergessen!) unter anderem ein bayrischer Regierungsbezirk, dessen Hauptstadt Augsburg ist. Augsburg ist die drittgrößte Stadt Bayerns und liegt eben hinter München und Nürnberg zurück. Es gibt eine Universität, aber keine von Weltrang, die Stadt ist alt, aber nicht am ältesten, es gibt viel Kultur, aber nicht am meisten.

„Gnua is gnua!", würde ein echter Augsburger diese Verleumdungen beenden. Lassen Sie sich nicht abschrecken, denn er hat Recht: Augsburg ist eben weder Sommer noch Winter, sondern Frühling! Eine wunderbare Mischung aus Kultur, Stadtnatur, Politik und Wissenschaft, hier braucht man weder irre Hitze noch klirrende Kälte, um sein Leben zu bestreiten und um Touristen willkommen zu heißen. Wie der Frühling ein Übergang zwischen den Jahreszeiten ist, stellt Augsburg einen Übergang zwischen Regionen – vom echten Schwaben nach Bayern – und zwischen Dimensionen – von der Großstadt zur Megacity – und zwischen Lebensgefühl dar – man ist international orientiert, aber auch stolz auf die Gegend. An den ersten warmen Tagen im April über den Königsplatz schlendern, Kaffee trinken wie auf einer italienischen Plazza und darauf vom Perlachturm das Alpenpanorama bestaunen – ich lade Sie nun ein, Augsburg zu entdecken!

Augsburg: An- und Abreise

Augsburg liegt in Südwestbayern, nahe der Grenze zu Baden-Württemberg. Es liegt etwa 80 Kilometer Luftlinie von den bayrischen Alpen entfernt in der Lechebene, umflossen von den Flüssen Wertach und Lech. Natürlicherweise wären hier Auwälder, Schotterheiden und lichte Kiefernwälder zu finden; aber Augsburg entstand schon in der Römerzeit und das Umland wurde im Lauf der Zeit in eine ausgeprägte Kulturlandschaft verwandelt.

Das unmittelbare Stadtzentrum bildet die Achse Hauptbahnhof-Königsplatz-Rathausplatz. Hier reihen sich Gastronomien, Kaufhäuser und Hotels aneinander und die meisten Bus- und Trambahnlinien kommen hier durch.

Die Verkehrsanbindung ist sehr gut: Neben zahlreichen Regionalbahnen halten am Bahnhof ICE-Züge nach München, Berlin, Dortmund oder Essen; aus dem Ausland kann man ebenfalls direkt anreisen, etwa aus Paris oder Budapest. Auch verschiedene Fernbusunternehmen haben die Stadt in ihre Netze eingewebt. In Augsburg selbst fahren Stadtbusse, Straßenbahnen und Regio-Bahnen. Im Stadtzentrum – der sogenannten „City-Zone" – können Sie den ÖPNV kostenlos nutzen, allerdings sind die Entfernungen hier nicht so weit, dass man sie nicht auch zu Fuß zurücklegen könnte. Je nach Dauer Ihres Aufenthalts sind Sie entweder mit Einzeltickets oder Streifenkarten am günstigsten mobil. Die detaillierten Beförderungspreise sind beim Augsburger Verkehrs- und Tarifverbund (AVV) aufgelistet.

Mit dem Auto ist Augsburg über die A 8 zwischen München und Stuttgart zu erreichen. Von Norden kommt man über die A 9 nach München oder auf der A 7 nach Ulm; von beiden Städten geht es das letzte Stück auf der A 8 nach Augsburg. Von Süden bietet sich die B 17, die direkt in die Stadt hineinführt, an. Gerade im Berufsverkehr sind die Straßen in Augsburg allerdings sehr voll und oft kommt es zum Stau, die Parkplätze an Sehenswürdigkeiten sind oft knapp. Wer trotzdem per Auto anreisen will, parkt am besten im Parkhaus Citygalerie; von dort ist die Innenstadt gut zu erreichen. Für einen Ausflug ins Umland kann man sich ansonsten auch einen Wagen ausleihen, Leihfirmen sind nicht selten.

Augsburg hat zwar einen Flughafen, der von Passagierflugzeugen aber kaum angeflogen wird. Stattdessen werden dort Piloten ausgebildet und Geschäftsflüge unternommen. Wer aus der Luft ankommen will, sollte einen Flug nach München buchen und von dort aus mit Bahn, Bus oder Auto nach Augsburg weiterfahren.

Die Unterkunftsmöglichkeiten in Augsburg sind genauso vielfältig wie die Stadt selbst. Hotels gibt es für jeden Geldbeutel und Geschmack, auch eine Jugendherberge ist vorhanden. Es gelten dieselben Regeln wie überall: Während der Saison ist es unwahrscheinlicher, spontan ein freies Bett zu finden, und die Gastgeber können die Preisschrauben andrehen. Also lohnt es sich, sich frühzeitig zu erkunden und zu buchen. Frischluftfreunde können sich auf einem Campingplatz einmieten: Drei davon gibt es in Augsburgs Nähe, aber leider sind alle ein gutes Stück vom Stadtzentrum entfernt.

Auch Ferienwohnungen und Privatwohnungen von Augsburgern können eine Möglichkeit sein. Beim sog. „Couchsurfing" bieten Reisefreudige anderen Reisenden einen kostenlosen Schlafplatz im Wohnzimmer oder einem Nebenzimmer an. Dies kann eine Quelle toller Gespräche darstellen, erfordert aber auch eine Portion Mut, Vertrauen und Offenheit.

Augsburg – eine Zeitreise

Bevor Sie sich in das Getümmel der Innenstadt stürzen, sollten Sie sich kurz mit der Geschichte bekannt machen. Augsburg ist zwar „nur" die zweitälteste Stadt Deutschlands, aber dafür die älteste Bayerns. Gegründet wurde es im Jahre 15 vor Christus als Militärstützpunkt und benannt nach niemand geringerem als dem Staatsmann Gaius Octavius Augustus: Aelium Augustum war der ursprüngliche lateinische Name. Schon während der Römerzeit wurde Augsburg zur Hauptstadt einer Verwaltungseinheit, damals der Provinz Raetia. Diese Epoche lässt sich anhand des Römischen Museums in der Maximiliansstraße nachvollziehen. Dort sind allerlei damalige Gebrauchsgegenstände ausgestellt, die einem vor Augen führen, wie schnell zweitausend Jahre doch vergehen.

Im Mittelalter machte Augsburg viele Veränderungen mit – so bekam es etwa 1276 das Stadtrecht und wurde 1312 zur Reichsstadt erklärt. Dadurch, dass Augsburg an drei wichtigen Fernstraßen lag, die schon die Römer eingerichtet hatten, konnte es schnell wachsen und an Bedeutung gewinnen: Die vielen Durchreisenden beglückten Gastwirte und Zöllner und für viele Händler war hier die Reise aufgrund der glänzenden Beziehungen der Stadt in alle Richtungen schon beendet.

Zwei Parteien waren jahrhundertelang an der Stadtverwaltung beteiligt: Zuerst waren es mächtige Patrizierfamilien, die das Zepter hielten. Sieben Familien waren es insgesamt, bis Augsburg im Dezember 1805 an von Bayrischen Truppen besetzt wurde, mit dem Friedensvertrag von Preßburg von nun an der Bayrischen Staatsregierung unterstand und damit die Reichsfreiheit verlor, die es sich über so viele

Jahrhunderte bewahrt hatte. Ursprünglich jedoch waren diese Familienregierungen sehr stark, was vielen Bürgern nicht passte und was die Handwerker schließlich änderten: Durch einen Handwerkeraufstand 1368 wurde die Zunftverfassung gegründet, alle Handwerker mussten also einer Zunft angehören, um ihrer Tätigkeit nachgehen zu dürfen. Infolgedessen repräsentierten die Zünfte bald einen großen Teil der Augsburger Bürger, wodurch ihre Macht wuchs und sie sich ebenfalls an der Stadtregierung beteiligen konnten. Das Verhältnis in der Regierung wurde dadurch erheblich ausgeglichener. Die bekannteste Augsburger Patrizierfamilie sind wohl die weltberühmten Fugger.

In der Reformationszeit erlangte Augsburg Berühmtheit, da es eine bedeutende Station in Luthers Lebensweg darstellte – siehe Kapitel „Augsburg und die Reformation".

Da Augsburg von mehreren Flüssen umspielt wird, war es im 19. Jahrhundert als Industriestandort prädestiniert – es entstand ein bedeutsames Textilgewerbe und auch technisch geschah hier Einiges: Rudolf Diesel entwickelte im ausgehenden 19. Jahrhundert hier den nach ihm benannten und weltweit sehr erfolgreichen Dieselmotor. Auch die MAN- und die Messerschmitt-Werke hatten hier ihren Sitz.

Während des Nationalsozialismus wurden mehrere Außenstellen des KZs Dachau in verschiedenen Augsburger Stadtteilen errichtet. Aufgrund der oben genannten Rüstungsindustrie wurde Augsburg mehr als zehnmal bombardiert, zwei Mal davon sehr schwer. Die Befreiung durch die amerikanische Armee ging letztlich gewaltfrei von statten, da mutige Augsburger Bürger, die sich zur „Augsburger Freiheitsbewegung" zusammengeschlossen hatten, im Voraus mit den Amerikanern Kontakt aufnahmen und ihnen mitteilten, dass sich Augsburg ergebe. Diese Nachricht verbreiteten sie auch in der gesamten Stadt, sodass die amerikanische Armee schließlich mit weißen Fahnen begrüßt wurde.

Nach der Zeit des 2. Weltkrieges ging es mit Augsburg stetig bergauf: Der Wiederaufbau nahm zwar viele Jahrzehnte in Anspruch, doch mit dem Bau des Rosenaustadiums und des Eiskanals wurde es Austragungsort für verschiedene bedeutsame sportliche Veranstaltungen. In den siebziger Jahren wurde schließlich die Universität Augsburg gegründet.

ANNIKA DE BUHR

Augsburg und die Reformation

Wer sich für Kirchen und die Geschichte der Kirche interessiert, kommt mit St. Anna, der Klosterkirche des Augsburger Karmeliterklosters, voll auf seine Kosten.

Berühmt wurde die Kirche durch den Zusammenhang mit der Geschichte Martin Luthers: Im Jahre 1518 musste er sich in Augsburg für seine Thesen, die er ein Jahr zuvor verfasst hatte, verantworten. Er logierte während der Verhandlungen im Kloster – wohl auch, weil ein Freund und

Unterstützer Luthers, Christoph Langenmantel, ein Karmeliter war. Luther weigerte sich, seine Thesen zu widerrufen und musste eine Verhaftung fürchten. Mithilfe seines Freundes Langenmantel konnte er jedoch rechtzeitig aus Augsburg fliehen und entkam so der Staatsmacht.

St. Anna liegt nur einen Katzensprung vom Stadtzentrum entfernt. Vom Rathausplatz muss man in südlicher Richtung die Philippine-Welser-Straße entlanggehen und am Fuggerplatz rechts abbiegen, dann hat man nach etwa 100 Metern Strecke die Kirche schon erreicht. Beim Näherkommen läuft man auf die Apsis zu, der Turm steht auf der linken Seite des Kirchenschiffes. Einheimische bezeichnen das Gebäude auch schlicht als „Annakirche". Sie ist auch für Architekturinteressierte spannend, da sie die Epochen von der Gotik bis zum Klassizismus umfasst. Im 14. Jahrhundert gebaut, war die Kirche zunächst sehr schmucklos, was sich aber im Laufe der Zeit änderte. Hunderte Jahre später wurde zum Beispiel eine Kapelle mit Wandmalereien angebaut.

Wer zum ersten Mal das Hauptschiff betritt, wird erst einmal verdutzt sein: Die Ausrichtung der Kirche zieht den Blick nicht nur zum Altar, sondern auch zur Lutherkapelle und zur auffälligen Kanzel. Die Bänke stehen nicht etwa nebeneinander, sondern sich gegenüber, auf zwei Seiten des Altars. Und die Rückenlehnen können umgeklappt werden, sodass man sich in zwei Richtungen setzen kann. Das hat den Vorteil, dass man während der Liturgie den Blick ungehindert zum Altar wandern lassen kann und während der Predigt zur Kanzel hin.

Die Kanzel ist allerdings auch ohne eine Ansprache einen Blick wert: In den Jahren 1682 und 1683 gebaut, ist sie prunkvoll verziert. Auf dem Schalldeckel posiert ein goldener Engel, der in eine Posaune stößt und damit symbolhaft die Gottesbotschaft verkündet. Andererseits sind Engel auch Boten des Friedens: Zum 450-jährigen Jubiläum des Augsburger Religionsfriedens wurde eine Sonderedition Briefmarken mit einer Auflage von zehn Millionen Stück gedruckt, auf dem der Engel von der Kanzel auch aus der Ferne zu bestaunen war.

Auch auf andere Weise wird man in der Annakirche an den Religionsfrieden erinnert: Westlich an das Hauptschiff grenzt die Fuggerkapelle an. Diese wurde von Jakob Fugger kurz vor der Reformation gestiftet – er war streng katholisch, wollte es auch bleiben und wusste nicht, dass er einmal in einer evangelischen Kirche begraben sein würde. Nach einigen baulichen Veränderungen ist die Kapelle heute zum Hauptschiff hin geöffnet, sodass man mit nur einem Schritt vom evangelischen zum katholischen Teil der Kirche wechseln kann. Einmal im Jahr wird in der Kapelle ein privater katholischer Gottesdienst abgehalten, ansonsten ist die Kirche evangelisch. Hin und wieder – und im Einvernehmen mit der Familie Fugger – finden auch in der Kapelle evangelische Gottesdienste statt.

In St. Anna integriert ist das Museum Lutherstiege. Anhand eines Zeitstrahles kann man hier mehr über die bedeutendsten Geschehnisse der Reformation lernen und historische Ausstellungsstücke bewundern.

Zusätzlich zu Erkundungstouren auf eigene Faust bietet die Gemeinde St. Anna kostenlose Führungen an, die architektonische Besonderheiten in der Kirche, den Kapellen, das Karmeliterkloster und die Reformation thematisieren.

Augsburger Bier

Auch wenn man es in der italienisch anmutenden Altstadt kaum glauben möchte: Augsburg befindet sich in Bayern. Und was gehört zu Bayern wie das Salz ins Meer? Richtig, das Bier!

„Der König von Flandern", das ist nicht nur eine traditionelle Gaststätte, in der Leckereien wie „Haxen-Teller", „Gulaschsuppe" und „Spinatknödel" auf der Speisekarte stehen – sondern sie hat auch eine eigene Brauerei angeschlossen, um den Gästen das Heiligtum so frisch und qualitativ hochwertig wie möglich zu servieren. Neben „klassischen" Hell-,

Dunkel- und Weizenbieren gibt es auch jahreszeit-
lich angepasste Sorten, wie etwa der Augsburger
Maibock von Ostern bis in den Sommer hinein oder
der Augsburger Doppelbock von Januar bis Ostern.
Besonders raffiniert ist das Glühbier: Wenn normalerweise in der Winterzeit Weine mit Orangenschei-
ben, Zimt und Zitronen gewürzt werden, wird im König von Flandern Bier mit diesen Zutaten abge-
schmeckt. Das Ergebnis ist ziemlich ungewöhnlich,
weil man doch eigentlich damit den Weingeschmack
verbindet, und nun hat man Hopfen im Mund. Eine
typische Verkostung läuft so ab: Der erste Schluck
geschieht noch etwas skeptisch, dann kostet man
überrascht den Nachgeschmack aus und leckt sich
die Lippen. Es folgt kurze Verdutztheit, während der
man zur Sicherheit nochmal das Etikett überprüft:
Ist das wirklich Bier? Und dann folgt schon der
nächste Schluck – nun, da man weiß, was einen erwartet, kann man den Geschmack umso besser auf-
nehmen. Und spätestens beim dritten Schluck hat
man dieses ungewöhnliche Weihnachts- und Win-
tergetränk liebgewonnen.

Bei all diesen Sorten liegt ein besonderes Augen-
merk darauf, dass das Bier nicht industriell

hergestellt wird, sondern jeder Brauschritt manuell vor sich geht, nach bayrischem Reinheitsgebot und mit regionalen Zutaten – so kommt der Hopfen etwa aus der Hallertau, einem der berühmtesten Hopfenanbaugebiete Bayerns. Davon kann man sich bei einer Brauereiführung selbst überzeugen. Diese sind gegen Voranmeldung und ab einer Gruppengröße von fünf Personen möglich. Ein Erlebnis der ganz anderen Art ist ein Brauseminar: Da kann man einen ganzen Tag lang den Braumeistern bei der Bierherstellung über die Schulter schauen und auch mal selbst Hand anlegen. Nach einigen Wochen Lagerzeit kann man sich dieses eigene Bier – etwa beim nächsten Besuch in Augsburg, weil es so schön war – ausschenken lassen. Brauseminare kann man ebenfalls unter Voranmeldung vereinbaren.

Für alle, die sich diese Schlemmerei nicht ganz leisten können: Der „König von Flandern" bietet eine Happy Hour von 15 Uhr bis 17 Uhr an, in der Hauptgerichte die Hälfte und 0,3-Liter-Biere einen Euro weniger kosten. Außerdem wird ein Pro-Bier-Brettl angeboten: Hier können alle Biersorten und geröstetes Malz probiert werden.

Praktischerweise ist der König von Flandern

zentral in der Innenstadt gelegen, nämlich an der Karolinenstraße 12. Die Karolinenstraße führt in nördlicher Richtung vom Rathausplatz weg, es sind also nur wenige Meter von dort zur Gaststätte. Äußerst praktisch, wenn man abends angeheitert herauskommt: Selbst, wenn man nicht direkt in der Stadtmitte wohnt, sorgt die hohe Dichte an öffentlichen Verkehrsmitteln dafür, dass man sicher ins Bett kommt.

Nervenkitzel: Escape Room

Man hat schon mehrere Tage in Augsburg verbracht, die Beine sind schon müde vom vielen Gehen und Stehen, der Kopf schwirrt vor lauter Eindrücken und dann ist das Wetter auch noch schmuddelig kalt und nass: Jetzt wird es Zeit für eine Freizeitaktivität, die man nicht alle Tage hat. Es ist ein neuer deutscher Trend: Wie früher die Kletterhallen sprießen nun die Escape Rooms deutschlandweit aus dem Boden.

Es ist eine Aufgabe für ein ganzes Team: In

Augsburg kann man zu zweit bis zu sechst spielen. Man begibt sich in einen Raum, in dem eine fiktive Szene aufgebaut wurde. Als kleine Einführung gibt es eine Vorgeschichte, dann hat das Team eine Stunde Zeit, um den Raum durch eine andere Tür wieder zu verlassen, als es hereingekommen ist. Dabei gilt es, verschiedene Zeichen zu finden, Dinge auszuprobieren und Rätsel zu lösen, die die Spieler auf die richtige Fährte bringen. Die eigentliche Tür bleibt dabei natürlich für den Notfall nur angelehnt.

Das Escape-Room-Büro in Augsburg liegt ebenerdig im Erdgeschoss; wenn die Fenster geöffnet sind, kann man es als sportliche Herausforderung oder als Aufwärmprogramm sehen, durch die Fenster hinein zu klettern – frei nach dem Motto: „Wer ausbrechen will, muss auch einbrechen können!"

Ein solches Escape-Room-Event ist nicht ganz billig; je größer das Team ist, desto billiger wird es für den einzelnen. Bei sechs Spieler kostet es für den Einzelnen etwa nur noch 23 Euro. Und es ist ein durchaus lohnendes Erlebnis.

Escape Room Augsburg liegt nur wenige Gehminuten vom Königsplatz entfernt; es gibt also keine Ausrede, nicht einmal dorthin zu gehen.

Augsburger Puppenkiste

S ie ist das berühmteste Marionettentheater und wenn man schon nach Augsburg fährt, sollte man sie sich nicht entgehen lassen.

Gelegen ist sie im Heilig-Geist-Spital. In diesem Spital wurden Jahrhunderte lang alte und kranke Menschen gepflegt und medizinisch versorgt. Aufgrund dessen wurde der Brunnenbach, der am Spital vorbeifließt, überdacht, damit kein Schmutz und keine Abfälle in das Wasser gelangen kann. Der heutige Bau wurde im 17. Jahrhundert gebaut. Nun befinden sich darin neben der Puppenkiste auch verschiedene soziale und kulturelle Einrichtungen.

Die Puppenkiste ist ein Produkt des 2. Weltkrieges. Walter Oehmichen fand 1940 in Calais, wo er stationiert war, ein kleines Puppentheater, mit dem er sich und seine Kameraden unterhielt und vom Kriegsgeschehen ablenkte. Sein Wunsch war es, ein solches in einer mobilen Kiste zu besitzen, damit er es immer überallhin mitnehmen konnte. Zurück in Augsburg baute er 1943 zusammen mit seiner Frau und seinen zwei Töchtern ein Marionettentheater, das sie „Puppenschrein" nannten. Darauf gab Oehmichen bald regelmäßig Vorstellungen, doch in einer Bombennacht wurde der Schrein zerstört. Die Puppen blieben glücklicherweise allerdings erhalten, da sie Oehmichen nach der Vorstellung mit nach Hause genommen hatte.

Nach dem Krieg wagte die Familie einen Neubeginn: Im Heilig-Geist-Spital, in dem auch das Statistische Landesamt untergebracht war, war ein Raum frei. Die improvisierte Errichtung des Theaters erforderte viel Leidenschaft und Kreativität: Die Scheinwerfer wurden in Marke Eigenbau gefertigt, die Wände notdürftig mit Vorhängen und der

Garderobe abgedeckt, die sanitären Einrichtungen waren äußerst ungemütlich und die Zuschauersitze ebenso, da sie nichts anderes als Bierbänke waren. Dies erforderte guten Willen beim Publikum. Nichtsdestotrotz konnte 1948 endlich die Premiere der neu erschaffenen „Augsburger Puppenkiste" stattfinden – sie war nun nicht mehr so mobil, wie Oehmichen es sich erträumt hatte, aber trotzdem – oder vielleicht gerade deswegen – wurde die Aufführung zu einem vollen Erfolg. „Der gestiefelte Kater" wurde gespielt, mit jungen Augsburger Schauspielern und selbstgemachten Puppen. Der Erfolg der Puppenkiste sprach sich in der ganzen Stadt herum, 1953 wurde sie durch eine Filmproduktion des Nordwestdeutschen Rundfunks auch bundesweit bekannt. Diesmal wurde „Peter und der Wolf" für das Fernsehen adaptiert und gedreht.

Die Puppenkiste war von Anfang an ein Familienbetrieb und ist es bis heute. Walter Oehmichens Tochter Hannelore, die viele der Puppen selbst schnitzte, heiratete den Schauspieler Hanns-Joachim Marschall, mit dem sie später die Leitung der Puppenkiste übernahm, seit ihrem Tod ist ihr Sohn der Leiter der Puppenkiste. Das Ensemble besteht aus etwa 40 Mitarbeitern, von denen die meisten fest an-angestellt sind.

Während der Saison gibt es mehrmals pro Woche Aufführungen. Aufgrund der hohen Arbeitsaus-lastung wurden die Deutschlandtourneen einge-stellt, da sonst zu viele Mitarbeiter eingestellt wer-den müssten, was nicht mehr dem Gedanken des Fa-milienunternehmens entspräche. Ein eigentlich er-staunliches Vorgehen, in Zeiten von Gewinnmaxi-mierung und Unternehmensvergrößerungen. Daran sieht man, dass Qualität eben bei weitem nicht im-mer von Größe abhängt.

Genauso erstaunlich ist sicherlich überhaupt der Erfolg der Puppenkiste. Eigentlich passt ein Pup-pentheater mehr zu einem Kindergartenausflug als zur Erwachsenenkultur. Aber die Puppenkiste hat mit ihren Stoffen und Stücken schon immer mehrere Zielgruppen bedient, sowohl Kinder als auch Er-wachsene. Und natürlich kommen nostalgische Ge-fühle auf, wenn man als Erwachsener mit seinen Kin-dern oder Enkelkindern eine Kindervorstellung der Puppenkiste besucht. Selbstverständlich kann man das Theater auch ohne Nachwuchs ansehen, denn unterhaltsam und tiefgründig liegt nicht weit auseinander. Es werden aber auch immer wieder Stücke für ein älteres Publikum gespielt, außerdem gibt es abends ganze Kabarett-Vorstellungen, die lustig und ernsthaft zugleich sein können.

Doch in der „Kiste", wie der gesamte Puppenkisten-Komplex im Heilig-Geist-Spital auch genannt wird, gibt es noch mehr zu entdecken als den Theatersaal. Wenn man bei einem Trip nach Augsburg keine Gelegenheit hat, eine Vorstellung zu besuchen, kann man sich auch mit dem Museum zufriedengeben: Dort sind die Puppen aus siebzig Jahren Puppenkiste ausgestellt, ergänzt durch abwechselnde Sonderausstellungen. Zur Stärkung ist eine Gastronomie vorhanden, die zwei Speisekarten – eine für Erwachsene und eine mit bei Kindern besonders beliebten Speisen – bereithält. Zu guter Letzt kann man sich im „Kisten-Shop" noch Souvenirs besorgen: Von Büchern und DVDs über Kuscheltiere bis zu Marionetten der Original-Figuren ist hier alles vorhanden, was das frisch gebackene Puppenkisten-Fan-Herz begehrt.

Augsburg und die Berge

Augsburger sind insofern bevorzugt, als dass eine der beliebtesten deutschen Ferienregionen keine 100 Kilometer entfernt liegt. Viele Augsburger brechen am Wochenende früh auf, um einen Tag in den Bergen zu verbringen. Während des Aufenthalts in Augsburg lässt sich also wunderbar ein Tagesausflug zum Bergwandern einbauen.

Bergwandern hat in Augsburg eine lange Tradition. Die Sektion Augsburg des Deutschen Alpenvereins wurde 1869 gegründet und ist damit die drittälteste in ganz Deutschland (hinter München und Leipzig). Schon in den ersten Monaten nach der Gründung hatte die Sektion knapp sechzig Mitglieder. Der Zweck des Vereins war es zunächst, abendliche Zusammenkünfte und Vorträge zu veranstalten, um „die Kenntnis der Alpen zu erweitern und zu verbreiten" (Satzung der DAV-Sektion Augsburg). Eine andere Aufgabe war die Erschließung der Allgäuer Alpen, zunächst im Bereich der Mädelegabel. Dazu wurden Wege erbaut und das Bergführergeschäft erweitert. Ab 1883 stellten die Lechtaler Alpen das vorrangige Arbeitsgebiet dar. Bald wurden unter dem Aspekt der Alpenerschließung auch eigene Hütten gebaut.

Heutzutage besitzt die Sektion Augsburg – neben dem Recht, sich den mitgliederstärksten Verein Augsburgs nennen zu dürfen – drei Hütten in den Ostalpen, das Kletterzentrum Augsburg, ein starkes Wegenetz sowie den Alpengarten im Reintal. Die Hütten und der Alpengarten wären zwar ein lohnendes Ziel, aber innerhalb eines Tages nicht einfach zu erreichen. Sie bekommen daher im Folgenden zwei Touren vorgestellt, die Sie während eines Augsburg-Urlaubs im Frühjahr, Sommer oder Herbst bequem von der Stadt aus unternehmen können. Bei beiden Touren sollten sie vorher allerdings überprüfen, dass kein Schnee liegt. Dies können Sie am besten über die örtlichen Touristenämter herausfinden.

Auf den Kofel: Der Kofel ist eine markante Felsnadel über dem Ammertal. Trotz der spektakulären Aussicht vom Gipfel ist er einfach zu erklimmen, dementsprechend beliebt und auch für alpin Unerfahrene geeignet. Der Ausgangsort ist Oberammergau, das man vom Augsburger Hauptbahnhof mit der Bahn in etwa zweieinhalb Stunden erreicht. Deutlich schneller geht es mit dem Auto, wenn man auf der B 17, der B 472 und der B 23 nach Süden fährt.

Die Wanderroute ist ab dem Oberammergauer Friedhof ausgeschildert. Sie führt über die „Kälberplatte", eine beweidete Wiese, und führt bald hinein in den Wald. Dort geht es sanft, aber stetig aufwärts: Der Weg ist in vorbildlichen Serpentinen angelegt, die einen schnell an Höhe gewinnen lassen, ohne dass man sich wirklich anstrengen muss. Hat man den Kofelsattel erreicht, wendet man sich nach rechts und hier beginnt das Highlight der Tour: Der Wanderweg verwandelt sich in einen gesicherten

Steig, das heißt, die Route durch den Felsen ist markiert und mit Drahtseilen gesichert. Das ist weniger Kletterei, als es sich anhört: Man sollte zwar aufpassen, wo man seine Füße hinsetzt und der Weg ist teilweise auch ausgesetzt, aber es ist nicht steil und ohne Kletterausrüstung einfach zu schaffen. Bald darauf erreicht man auch schon den Gipfel, 350 Höhenmeter über Oberammergau, und wird mit einem Blick über die benachbarten Berge, das Ammertal und bis ins Voralpenland belohnt. Nur nach Augsburg kann man leider nicht sehen, da in diese Richtung der Horizont durch die Gipfel beschränkt wird, die aber sicherlich einen genau so schönen Augenschmaus geben.

Je nach Lust und Kondition kann die Tour noch erweitert werden; ansonsten geht es auf demselben Weg wieder hinunter ins Tal. Wenn man schon einmal hier ist, lohnt es sich auch, noch ein bisschen durch das historische Oberammergau zu bummeln und die Beine zu entspannen.

Auf das Hörnle: Hier ist die Anfahrt ähnlich wie zum Kofel; der Ausgangspunkt ist allerdings Bad Kohlgrub. Die Straßen- und Bahnverbindung ist dieselbe, nur ein paar Haltestellen bzw. Kilometer kürzer. Die Wanderung an sich ist dafür etwas länger, verläuft aber auf gut ausgebauten Wegen. Es gibt sogar drei Gipfel auf einen Streich – das Vordere, Mittlere und das Hintere Hörnle -, sodass man es auch schon beim ersten, dem Vorderen Hörnle, bewenden lassen kann, falls die Kraft ausgehen sollte. Im Winter vergnügen sich hier die Wintersportler, dafür stehen dem Wanderer viele Wegweiser und sogar eine Einkehrmöglichkeit – die Hörnle Hütte – zur Verfügung.

Los geht es am Ortstrand an den Skilift-Parkplätzen. Erst führt der Weg relativ steil über Wiesenhänge, dann wird er zu einem gemütlichen Wanderpfad durch den Wald. In diesem Bereich ist er ebenfalls in Serpentinen angelegt, sodass das Steigen leichter fällt. Wenn man merkt, dass der Wald bald zu Ende ist, kann man sich Hoffnungen machen: das bedeutet, dass die Hörnle Hütte nicht mehr weit ist. Tatsächlich kommt man aus dem Wald heraus, läuft noch ein kurzes Stück über die Skipiste und hat dann die Hütte erreicht. Nun muss man sich entscheiden: Gibt man den Düften nach Essen nach, die aus der Küche dringen? Erklärt man das Tagesziel für erreicht oder läuft man noch weiter? Im letzteren Fall folgt man dem Weg über die offene Wiese nochmal einen steileren Hang herauf, dann hat man das Vordere Hörnle erreicht. Wer noch Lust hat, läuft weiter – der Weg führt nun ein kurzes Stück flach durch den Bergwald – und kommt auf den weitläufigen, wenig steilen Gipfelflächen des Hinteren Hörnles heraus.

Das Mittlere Hörnle hat man im Waldstück gequert; die wenigsten Wanderer nehmen diesen Gipfel auch noch mit, da man dort oben von zu vielen Bäumen umgeben ist, um eine schöne Aussicht zu haben. Nun ist es nicht mehr weit: Aus kurzer Distanz sieht man schon das Gipfelkreuz aufblitzen, was noch einmal alle Kräfte mobilisiert. Im Sommer kann man auf den Hängen durchaus der einen oder anderen weidenden Kuh begegnen – wer tierlieb ist, kann versuchen, sie zu streicheln, ansonsten geht man einfach vorbei. Die Tiere sind so an Wanderer gewöhnt, dass sie sie normalerweise einfach ignorieren. Vom Gipfel aus kann man nun wirklich die Aussicht bestaunen: An klaren Tagen kann man bis Augsburg sehen, da das Hörnle einer der nördlichsten Bayrischen Berge ist und somit keine höhere Erhebung den Blick blockiert. Auf das Murnauer Moos, ein großes, wertvolles Moor, sieht man genauso

hinunter wie auf den zerklüfteten Staffelsee mit seinen vielen Inseln sowie, in den Horizont hineinra-
gend, die großen Seen Ammersee und Starnberger
See. Nach Süden hin offenbart sich der Alpenhaupt-
kamm, der im Frühjahr noch prächtig weiß sein
kann und im Sommer einfach durch seine graue,
steinige Mächtigkeit beeindruckt.

Worauf Sie unbedingt achten sollten: Wenn Sie
sich wieder Richtung Flachland wenden und bis zum
Horizont sehen, können Sie die Erdkrümmung erah-
nen. Man sieht zwar nur einen kleinen Teil unseres
Planeten, aber es ist ein besonderes Gefühl, in der
freien Natur zu stehen, nichts außer Himmel über
sich, und zu verstehen, wie verletzlich letzten Endes
alles doch ist. Noch etwas fällt auf: Über den Bergen
ist der Himmel kräftig blau, doch deutlich sieht man,
wie schmutzig die Luft wird, je näher man den Met-
ropolen München und Augsburg kommt. Hier wird
das Blau geradezu zu einem undurchdringlichen
Grau. Natürlich fällt einem das nicht auf, wenn man
direkt dort ist; in Augsburg sieht man den Himmel
auch einwandfrei blau, wenn man nach oben blickt.
Doch so tief dunkelbau wie in den Bergen, weit ab
von jeder Siedlung, wird man ihn in einer Stadt nie

sehen können. Doch auch das ist ein wichtiger Aspekt des Reisens: Nicht nur Sehenswürdigkeiten jagen, fotografieren und hinterher stolz den Freunden zeigen, nein. Indem man neue Perspektiven kennenlernt, sich auf andere Weisen einlässt und sich dabei selbst überdenkt, macht man beim Reisen wichtige Schritte und reist so auch in sich selbst hinein. Und wenn man hier auf dem Gipfel des Hörnle, inmitten der Bayrischen Bergnatur, die in Prospekten immer so beworben wird und als heiler Zufluchtsort gilt, erkennt, dass es keine heile Bergnatur gibt, dass man nicht einfach so fliehen kann, im Angesicht der Luftverschmutzung, die den Blick auf das Land grau werden lässt, dann ist doch schon etwas gewonnen.

Von solchem Nachdenken hungrig geworden, kann man sich nun entweder auf die Brotzeit stürzen, wenn man sich eine mitgebracht hat, und weiter die Aussicht genießen oder man reißt sich vorzeitig los und läuft zurück zur Hütte, um dort den Wirt zu unterstützen. Die Hörnle Hütte ist übrigens durch eine Seilbahn erschlossen: Falls die Beine nicht mehr wollen, kann man mit der Gondel zurück ins Tal fahren. Auch im Aufstieg könnte man diese Hilfe in Anspruch nehmen, aber Wandern mit moderater

Anstrengung ist nicht nur sehr gesund, sondern es macht auch Spaß, wenn man dabei die Gedanken schweifen lassen kann und tief die Bergluft einatmet. Außerdem kann man am Ende des Tages stolz auf sich sein und zufrieden die Beine hochlegen.

Wenn man also auf diese technische Hilfe verzichtet, geht man auf demselben Weg wieder zurück, den man hochgekommen ist. Unten im Ort muss man nur noch in die Bahn oder ins Auto springen und kann fröhlich nach Augsburg zurückfahren, zusammen mit den zahlreichen anderen Ausflüglern, die entweder in Augsburg, München oder irgendwo zwischen Stadt und Berge zuhause sind.

Augsburgs Stadtnatur

Augsburg ist an sich schon privilegiert, da es in einem reichhaltigen Naturraum liegt: Die Flüsse Lech und Wertach bilden wertvolle Auenlandschaften und Auwälder, die deutschlandweit bedroht sind und Schutzstatus genießen. Zudem ist Augsburg reich an Wäldern: Die Westlichen Wälder tragen zu Naherholung und Naturschutz ebenso bei wie der Stadtwald. Dieser bildet das größte Naturschutzgebiet Schwabens außerhalb der Alpen und wird von den Augsburger Bürgern zur

Naherholung gleichermaßen geschätzt wie von Naturkundlern aufgrund seiner Arten- und Biotopvielfalt: Hier gibt es am Lechufer entlang einen Auwald, einen großen, „normalen" Laubmischwald, trockene Kieferbestände und Heideflächen im Bereich der Königsbrunner Heide und der Schießplatzheide. Jogger und Radfahrer drehen hier ihre Runden und können im Sommer beim sogenannten „Kuhseetriathlon" ihre Kräfte messen. Betreten ist also trotz Schutzstatus erlaubt und auch ausdrücklich erwünscht, da Naturschutz nicht funktionieren kann, wenn die Bevölkerung nicht dafür begeistert ist. Gleichzeitig erfüllen die Auwälder ihre Funktion als Hochwasserschutz und Wasserspeicher – auch das funktioniert nur, wenn sie intakt sind und sich ökologisch entfalten dürfen.

Am Stadtrand schließt sich die Lechebene mit wertvollen Habitatstrukturen an. Augsburg ist eine überdurchschnittlich grüne Stadt: Fast dreißig Prozent der Stadtfläche sind als Schutzgebiete ausgewiesen. Etwa sieben Prozent gehören nach der offiziellen bayrischen Biotopkartierung zu den sehr wertvollen Habitaten für Flora und Fauna. Diese Zahlen kann man sich ruhig erst einmal genüsslich auf der Zunge zergehen lassen, beweisen sie doch, dass eine Stadt so viel mehr sein kann als Teer und Beton. Einhergehend mit dem vielfältigen Naturraum, in dem Augsburg liegt, trägt die Stadt Verantwortung, dem Artensterben entgegenzuwirken.

Dessen ist sich die Stadt Augsburg bewusst und hat 2009 die Augsburger Biodiversitätsstrategie auf den Weg gebracht. Diese besteht aus 2 Grundpfeilern: Zum einen sollten die städtischen Tiere, Pflanzen und Lebensräume geschützt werden und erhalten bleiben. Zum anderen sollte die Bevölkerung auf das Thema aufmerksam gemacht und sensibilisiert werden. Diese Ziele sollen amtsübergreifend und durch alle Handlungsebenen hindurch erreicht werden.

Genauer benennt die Biodiversitätsstrategie die im Augsburger Stadtgebiet vorkommenden Lebensraumtypen, beschreibt im einzelnen deren Schutzstatus und zählt die wichtigsten, vorkommenden Arten auf, die Defizite sowie konkrete Zielsetzungen zur Verbesserung und bereits erzielte Erfolge. Übergreifend sollte versucht werden, die Habitate zu verbinden und Lücken zu schließen, etwa durch Ausbau von Grünstreifen an Straßenrändern, Erhalt und

Neupflanzung von Hecken und Durchlässigkeit der Flüsse und Bäche für Fische. Auffällig ist, dass in der Biodiversitätsstrategie oft die Augsburger Wälder erwähnt werden, allen voran der Stadtwald und der Siebentischwald. Dies ist nicht verwunderlich, da diese Waldflächen in der Augsburger Stadtökologie eine wichtige Rolle spielen: Über 2000 Hektar der Stadtfläche Augsburgs sind von Bäumen bedeckt.

Dies ist natürlich ziemlich theoretisch. Wenn Sie sich einmal ein konkretes Bild von einem Naturschutzkonflikt in Augsburg machen wollen, sollten Sie sich im Winter auf den Zentralfriedhof setzen oder – um einiges gemütlicher – im Frühjahr ein paar Stunden auf dem Königsplatz verbringen. Es gibt eine Vogelart, die Sie mit Sicherheit beobachten können und die die Gemüter erregt wie kaum eine andere: die Saatkrähe. Dieser äußerst intelligente Rabenvogel ähnelt mit ihrem glänzend schwarzen Federkleid den allgegenwärtigen Rabenkrähen, aber gerade die Altvögel sind einfach an ihrem kahlen, hellen Schnabelansatz zu erkennen. Saatkrähen sind gesellige Tiere und treten gerne in großen Schwärmen auf. Sie äußern sich mit unheimlichen Krächz-Lauten und suchen gerne Äcker nach möglicher

Nahrung ab, also ursprünglich nach Würmern und Insekten, da sie meist tierische Nahrungsquellen gegenüber pflanzlichen bevorzugen. Dabei können sie sehr nützlich sein, indem sie Pflanzenschädlinge dezimieren. Dies mag von der Ferne so aussehen, als würden sie das Saatgut oder Ackerfrüchte fressen, was ihnen den Namen Saatkrähe eingebracht hat. Wenn allerdings die Äcker durch intensive Düngung bis auf die erwünschten Erntepflanzen keine Arten mehr aufweisen, wird den Saatkrähen die Nahrung knapp und sie weichen auf das Saatgut aus. Seitdem wurden sie verfolgt und vor einigen Jahrzehnten in Deutschland nahe an die Ausrottung gebracht.

Dank der engagierten Arbeit von Naturschützern, der Bemühung um Dialog mit den Landwirten und der Tatsache, dass Saatkrähen 1977 unter Schutz gestellt wurden, konnten sich die Bestände in den letzten Jahren wieder erholen. Damit ist der Konflikt aber noch lange nicht vorbei: Saatkrähen sind äußerst gewitzt und wissen genau, dass ihnen in den Siedlungen viele hochwertige Nahrungsquellen zur Verfügung stehen. Nach und nach zogen sie deswegen in die Städte um, haben ihre Scheu vor Menschen abgelegt und ihre Fluchtdistanzen auf wenige Meter verringert. Saatkrähen brüten in Kolonien, deren Größe von einer Handvoll Nester bis zu mehreren tausend Nestern in einer Kolonie variieren kann. Diese Kolonien produzieren Unmengen an Schmutz und Lärm, was sie bei vielen Menschen sehr unbeliebt macht. Eine solche Saatkrähenkolonie hat sich am Augsburger Königsplatz breitgemacht.

Sie umfasst mehrere hundert Brutpaare. Bei geeigneter Jahreszeit, etwa April bis Mai, kann man sie dort bei ihrem Sozialverhalten und ihrem Brutgeschäft beobachten. Eine praktische Freizeitaktivität: Man ist an der frischen Luft, kann gemütlich auf einer Parkbank sitzen und kann faszinierende Einblicke in das Leben der Vögel bekommen. Natürlich haben sich viele Bürger über die Verschmutzung beschwert; der Lärm stellt weniger ein Problem dar, weil ein großer Teil des Gekrächzes im Verkehrslärm untergeht. Das Management der Stadt funktioniert vorbildlich, was auch daran liegen mag, dass das Bayrische Landesamt für Umwelt in Augsburg angesiedelt ist und die sachverständigen Experten, die das Management beraten, gleich vor Ort sind. Es wurde festgelegt, dass die Vögel so wenig wie möglich gestört werden sollen. Also wurden kurzerhand die Parkbänke unter Bäume ohne Saatkrähennester gestellt. Der gesamte Platz wurde in den Jahren 2012 und 2013 für die Straßenbahnhaltestellen umgebaut, wobei etwa siebzig Bäume gefällt und einige neu gepflanzt wurden, was die Vögel nach kurzer Gewöhnungsphase angenommen haben. Wichtig waren auch die Aufklärungsmaßnahmen: Mit Schildern auf dem Königsplatz informierte die Stadt Augsburg Einheimische und Touristen über die Maßnahmen. Heute leben Menschen und Saatkrähen weitestgehend konfliktfrei auf dem Königsplatz zusammen.

Noch nicht ganz so reibungslos läuft es auf den Friedhöfen: Hier sind nicht Brutvögel, sondern Wintergäste aus Nord- und Osteuropa das Problem. Die Saatkrähen treten in großen Gruppen auf und finden auf den Friedhöfen leichtes Futter: Unter den Grabpflanzen finden sie Würmer, Insekten, Spinnen und Grablichter aus pflanzlichen Ölen bilden auch eine lohnende Nahrungsquelle. Die Saatkrähen verwüsten somit die Gräber, reißen Pflanzen heraus und kippen Kerzen um, was verständlicherweise die Angehörigen der Verstorbenen ärgert. Es bleibt jeden Winter aufs Neue spannend, wie bunt die Saatkrähen es in diesem Jahr treiben; es wurde

nachgewiesen, dass die schlauen Vögel sehr ortsge-
bunden sind und Jahr für Jahr wieder an dieselben
Stellen zurückkehren. Vergrämungsmaßnahen zeigen kaum Wirkungen, da die Saatkrähen sich von
Menschen kaum abschrecken lassen und genau erkennen können, wann Gefahr droht und wann nicht.
Wenn man sich daher nicht 24 Stunden am Tag mit
der Saatkrähenabwehr beschäftigt, wird man kaum
Erfolg haben.

Die Stadt Augsburg zeigt sich auch hierbei wieder sehr tierfreundlich: Gift zu streuen kommt bis-
her nicht in Frage. Sie werden die listigen Vögel daher noch viele Jahre lang bei der Nahrungsaufnahme
beobachten können.

Olympia: der Eiskanal

Um Zuckerhut, Seufzerbrücke und Waschmaschine zu besichtigen, muss man nicht bis nach Rio oder Venedig fahren oder in einem Elektronikgeschäft einkaufen gehen. Wenn man sich nicht vor spritzendem Wasser fürchtet, kann man einen Spaziergang durch den Stadtwald am Lech-Hochablass, ein kurzes Stück außerhalb der Stadtgrenze, mit einem Besuch am Eiskanal verbinden. Diese Wildwasserstrecke für den Kanusport war weltweit eine der ersten ihrer Art und diente für zahlreiche andere Strecken als Vorbild. Der Name deutet wohl auf das eisige Bad hin, dass die Kanuten erwartet, wenn sie sich einen Fehler erlauben – und das schon seit fast fünfzig Jahren.

1972 fand die Olympiade im nahen München statt. Dort wurde die Infrastruktur aufgerüstet und anstatt Augsburg zu ignorieren, wurden die Kanuslalomwettkämpfe dorthin verlagert. Für diese sportliche Großveranstaltung wurde eine gänzlich neue Wildwasserstrecke konzipiert, finanziert von den Augsburger Kanuvereinen und Zuschüssen des Staates. Es entstand der berühmte Eiskanal, etwa 500 Meter lang und gesäumt von Zuschauertribünen, auf denen locker zehntausend Trockenschwimmer Platz haben. Das Wasser wird von den Bächen abgezweigt, die vom Lech in die Stadt hineinfließen. Schlängelungen und Serpentinen sollen einen natürlichen Flusslauf nachahmen. Die Bausubstanz besteht hauptsächlich aus Beton, sodass verschiedene Hindernisse eingebaut werden konnten. So ist die Waschmaschine eine Mulde im Boden, über die das Wasser hinüber schießt und eine Walze bildet, die schäumt und spritzt und Assoziationen zu einer Waschmaschine weckt.

Zwei verschiedene Arten von Kanusportlern nutzen den Kanal: Die einen freuen sich über eine zusätzliche Gelegenheit zum Wildwasserfahren, ignorieren die Slalom-Tore und freuen sich, wenn sie heil unten ankommen. Die anderen, die Slalomfahrer, beachten die Tore und versuchen, alle in der Reihenfolge ihrer Nummerierung zu durchfahren. Dabei gibt es zwei verschiedene Farbmarkierungen: Grün-weiße Tore müssen in Fahrtrichtung nach unten passiert werden, rot-weiße in Fahrtrichtung nach oben. Nicht so einfach, wenn das Wasser mit bis zu sechs Meter pro Sekunde dahin schießt. Auf halber Strecke teilt sich der Eiskanal: Die eine Route führt auf der einfacheren Jugendstrecke in die Stadt hinein, die andere ist die originale Olympia-Strecke. Unten angelangt haben die Kanuten ganze vier Höhenmeter zurückgelegt, die sie nun mit geschultertem Boot wieder nach oben laufen müssen. Da der Kanal den Kanuvereinen gehört, dürfen nur Vereinsgruppen kostenlos dort trainieren, Privatpersonen müssen dagegen ein Entgelt entrichten. Dennoch kommen viele Kanusportler von weit her, da der Eiskanal in den siebziger Jahren Maßstäbe gesetzt hat und in dieser Sparte weltweit bekannt ist. In der oben genannten Waschmaschine wurde sogar einer Kanustil erfunden: Der Rodeo- oder Freestyle-Stil, bei dem nicht zählt, so schnell wie möglich voran zu kommen, sondern an einer Stelle Kunststücke wie Sprünge, Rollen und Saltos möglichst spektakulär und fehlerfrei zu präsentieren. Wenn das Boot von den Wellen heftig geschüttelt wird, kann es durchaus so aussehen, als würden das Boot und sein Fahrer einen Rodeo-Ritt aufführen.

Kanuslalom war nur ein einziges Mal eine olympische Disziplin, nämlich 1972. Davor und danach wurde nie mehr ein Wettkampf ausgetragen – war der Eiskanal so beindruckend, dass man keine würdige Nachfolgestrecke finden kann, oder so abschreckend, dass man für immer genug von diesen Wettkämpfen hat? Darüber bleibt zu spekulieren. Doch Olympia ist zum Glück nicht alles. Landesmeisterschaften, Weltmeisterschaften und Europameisterschaften werden regelmäßig im Augsburger Eiskanal ausgetragen. Aber egal, ob Profis gerade ihre Kräfte messen oder Hobbypaddler ihr wöchentliches Bad nehmen: Es lohnt sich auf jeden Fall, dem rasanten Sport eine Zeit lang zuzusehen! Gerade an den Hindernissen versucht jeder, auf andere Weise vorbei zu kommen, manche wirken dabei elegant, manche gekonnt, andere beißen mühsam die Zähne zusammen und wieder andere kentern sogar. Doch das muss ein Kanute abkönnen und eine Stufe nässer geht es erfrischt sogleich weiter.

Die Adresse dieses Spektakels ist am Eiskanal 49, dort haben die Augsburger Kanuvereine ihren Sitz. Mit den öffentlichen Verkehrsmitteln reist man am besten zum Bahnhof Augsburg-Hochzoll und geht von dort zu Fuß am Lech entlang zum Hochablass, wo man den Lech überqueren kann und direkt am Eiskanal herauskommt. Mit dem Auto parkt man auf dem Parkplatz Kuhsee Nord, der sich direkt am Hochablass befindet.

Feiertag: das Hohe Friedensfest

Wer in Augsburg arbeitet, wird bundesweit beneidet, da die Augsburger einen zusätzlichen Feiertag haben. Das Friedensfest ist seit 1950 als Feiertag gesetzlich vorgeschrieben, wird aber schon seit dem siebzehnten Jahrhundert jedes Jahr am achten August begangen. Es ist nicht nur deutschlandweit einzigartig, dass nur eine einzige Stadt sich selbst einen Feiertag schenkt, sondern auch die Art, wie dieses Fest gefeiert wird. Nur die Schulkinder dürften sehr enttäuscht sein, dass dieser tolle Tag in die Schulferien fällt.

Nachdem 1555 mit dem Augsburger Religionsfrieden die Wirren der Reformation endlich besänftigt schien, kehrte zunächst Ruhe ein. In Augsburg waren die katholischen und protestantischen Mächte einigermaßen im Gleichgewicht, sodass eine paritätische Ämterverteilung eingeführt wurde, Protestanten und Katholiken also gleichberechtigt und zu gleichen Teilen in der Stadtverwaltung beteiligt waren. Dies war im gesamten Deutschen Reich einzigartig und vorbildhaft, was der Augsburger Religionsfrieden auch noch einmal hervor hob: Nach dem lateinischen Motto „Cuius regio eius religio" („wessen Herrschaftsgebiet, dessen Religion") konnten die Landesherren die Religion ihrer Untertanen bestimmen, die wiederum im Zweifelsfall wegziehen durften. Weil der Reichstag, mit dem das Gesetz beschlossen wurde, in Augsburg stattfand, wurde es nach dem Tagungsort benannt.

Mit dem Ausbruch des Dreißigjährigen Krieges war der Religionsfrieden in Gefahr: Zunächst unterdrückte 1629 der deutsche Kaiser Ferdinand II. die Augsburger Protestanten, indem er ihnen Verbot, ihren Glauben auszuüben. 1632 wendete sich das Blatt und die Stadt wurde von schwedischen, protestantischen Truppen besetzt, sodass von nun an die Katholiken unterdrückt waren. Erst mit dem Ende des Krieges 1648 wurde Augsburg wieder zu der paritätischen Reichstadt, die sie vorher gewesen war. Das erste Friedensfest fand 1650 statt, indem die Augsburger Protestanten feierten, dass sie ihren Glauben nun wieder ausüben konnten. Zunächst war es Tradition, Schulkinder mit Gebetstafeln zu beschenken. Dann rückten jedoch immer mehr die Freude über gelebte Toleranz und Frieden in den Vordergrund.

Heutzutage wird das Friedenfest als Höhepunkt aller kulturellen Veranstaltungen gefeiert, was hervorragend zur Jahreszeit zwischen Mitte Juli und Anfang August passt. Der Augsburger Kulturreferent Thomas Weitzel beschreibt das Fest als *„eine Jahrhunderte alte Tradition, die identitätsstiftend für alle Augsburger wirkt und auch heute noch von einem breiten zivilgesellschaftlichen Engagement getragen wird. Die Stadt Augsburg (leistet) einen Beitrag zu einem öffentlichen, überregionalen Bewusstseinsprozess für das einzigartige Profil des Augsburger Hohen*

Friedensfestes und seines Modellcharakters hinsichtlich des friedlichen Aushandels von Konflikten auf kommunaler Ebene. Auch die vielen Ehrenamtlichen, die beim Friedensfest beteiligt sind, erfahren [...] anerkennende Wertschätzung". Ende 2018 wurde das Augsburger Hohe Friedensfest in das bundesweite Verzeichnis des immateriellen Kulturerbes der UNESCO aufgenommen, was eine ideelle Anerkennung ohne finanzielle Würdigung darstellt. Gleichzeitig bewirbt sich die Stadt Augsburg um den Titel des UNESCO-Weltkulturerbes, wobei hier allerdings die materiellen Kulturgüter und Denkmäler beworben werden. Somit will Augsburg die „Stadt des Friedens" bleiben, deren Titel sie sich schon vor über 350 Jahren erworben hat. Es lohnt sich also besonders, seinen Augsburg-Ausflug während des Friedenfestes zu unternehmen, auch wenn zu dieser Zeit Unterkünfte voll belegt oder sehr teuer sein können. Dafür ist man dann hautnah am historischen Geschehen dabei.

Jedes Jahr beginnen die Feierlichkeiten drei Wochen vor dem achten August. Das kreative Rahmenthema wird jedes Jahr neu festgelegt: so lautete das Thema 2019 „#Freiheit" und 2018 „UTOPIE: was wäre, wenn ...?". Lokale und regionale Einrichtungen organisieren engagiert öffentliche Veranstaltungen wie Konzerte, Workshops, Diskussionen, Rallyes und vieles mehr. Den Höhepunkt bildet stets der achte August mit ökumenischen Gottesdiensten und großer Friedenstafel auf dem Rathausplatz, bei dem Einheimische und Gäste Speisen und Getränke teilen und sich untereinander austauschen.

Alle drei Jahre vergibt die Stadt Augsburg zusammen mit der evangelisch-lutherischen Landeskirche Bayerns den Preis des Augsburger Friedenfestes. Damit sollen Personen gewürdigt werden, die sich erfolgreich für Toleranz und Frieden zwischen Kulturen und Religionen einsetzen. Pünktlich zum achte August werden die Preisträger des jeweiligen Jahres bekannt gegeben, obwohl die eigentliche Preisverleihung erst im Herbst erfolgt.

Augsburgs älteste Sozialsiedlung

In Deutschland begann die staatliche Fürsorge erst, als Otto Graf von Bismarck im späten neunzehnten Jahrhundert die Sozial- und Rentenversicherung einführte. Jakob Fugger der Reiche war seiner Zeit weit voraus: Im Gedenken an seine zwei verstorbenen Brüder richtete er die Stiftungen der Fuggerei und der bereits erwähnten Fuggerkapelle in der Annakirche ein. Für die Fuggerei kaufte Jakob der Reiche zunächst Grundstücke in der Stadt auf, bald wurde mit dem Bau der Häuser begonnen. 1521 wurde die älteste Sozialsiedlung der Welt eröffnet: Damals konnten bereits 52 Häuser um die sechs Gassen herum bezogen werden. Pro Haus gab es zwei Wohnungen. Diejenige im Erdgeschoss hatte Zugang zu einem kleinen Garten, diejenige im oberen Stockwerk hatte Zugang zu einem Speicher.

Das Prinzip ist damals wie heute gleich geblieben: Jakob der Reiche war ein gläubiger Katholik und all seine Geldgeschäfte und Stiftungen tat er, um seinen Gott zu ehren. In der Fuggerei werden daher nur Augsburger Katholiken aufgenommen, die unverschuldet in Not geraten sind. Zu Fuggers Zeiten durften etwa viele Tagelöhner, Handwerker und Familien einziehen, die aufgrund von Krankheiten oder Verletzungen nicht für ihr Einkommen sorgen konnten. Bettler wurden strikt außen vorgelassen. Statt hohe Mieten zu zahlen, mussten die Bewohner täglich ein Vaterunser, ein Ave Maria und ein Glaubensbekenntnis sprechen. Heutzutage beträgt die symbolische Miete 88 Cent pro Jahr, eine lineare Umrechnung eines Rheinischen Guldens in Euro. Die Nebenkosten müssen die Bewohner selbst tragen, aber mit 85 Euro sind sie von den meisten Haushalten in der Fuggerei zu stemmen.

Die Siedlung wird oft auch als „Stadt in der Stadt" bezeichnet, da sie eine eigene Kirche, Verwaltungsgebäude und eine Stadtmauer mit drei Toren umfasst. Diese werden ab zehn Uhr abends verschlossen, die Bewohner müssen, wenn sie zu spät kommen, je nach Uhrzeit einen halben bis einen Euro an den Torwächter zahlen. Für Besucher ist das Tor an der Jakoberstraße 26 geöffnet. Die Eintrittspreise werden für den Erhalt der Fuggerei verwendet. Viele Augsburger besitzen eine Jahreskarte, da sie die ruhige, idyllische Atmosphäre innerhalb der Fuggereimauern sehr schätzen.

Und tatsächlich fühlt man sich wie in einer anderen Welt: Die Häuser sind nicht hoch, gelb getüncht, die Fensterläden sind bunt angestrichen und viele Mauern begrünt. Nur wenige Schritte vom Kassenhäuschen im Eingangstor werden die Geräusche der draußen liegenden Stadt schon leiser, bis sie schließlich komplett von den Mauern geschluckt werden. Die Straße ist noch relativ breit und führt auf eine Kreuzung mit einem Brunnen zu. Hier gehen mehrere Seitengassen ab. Auffällig sind die bis heute bestehenden Klingelzüge, die alle unterschiedlich geformt sind. Elektrische Klingeln gibt es noch nicht, da die tastbaren Eigenschaften der Klingelzüge bei Dunkelheit Verwechslungen vorbeugen sollen. Es ist ein wenig mulmiges Gefühl, als Besucher hier durch zu gehen und neugierig anzustarren, wo andere Menschen einen großen Teil ihres Lebens verbringen. Man sollte auf jeden Fall darauf achten, nicht zu aufdringlich die Türen anzusehen und aus Rücksicht auf die Bewohner leise zu sein. Wer als hilfsbedürftiger Mensch in der Fuggerei wohnen darf, kann sich sehr glücklich schätzen, da nur ein Bruchteil der Bewerber aufgenommen werden kann. Oft ruft die idyllische Ruhe auch Neid bei den Besuchern hervor, aber es ist stets daran zu denken, dass niemand freiwillig in eine solche Lage gerät, die ein Leben in einer Sozialsiedlung nötig macht – auch wenn es eine so luxuriöse wie die Fuggerei ist.

Zwei Wohnungen sind in der Fuggerei öffentlich zugänglich: In der einen wird historisches Mobiliar ausgestellt, in der anderen zeitgemäße, so wie die Wohnungen heutzutage eingerichtet sind. Zudem informieren Täfelchen über die Fugger, die Fuggerei und das Leben darin.

Wenn man schon einmal hier ist, ist ein Besuch im Weltkriegsbunker eigentlich Pflicht. Dieser wurde erst relativ spät, 1943, erbaut und rettete in der Bombennacht auf den 26. Februar 1944 über 70 Bewohnern der Fuggerei das Leben. Ein Großteil der Häuser wurde zerstört, aber bald wieder aufgebaut.

Eine Treppe führt aus dem hellen Tageslicht in den dunklen, muffigen Bunker hinunter. Mit jedem Schritt fühlt man sich beklommener, wenn man sich vorstellt, wie hier die Menschen einst um ihr Leben gebangt haben. Mit Dokumenten von Zeitzeugen, Bildern und Video- und Audiotechnik wird einem die Geschichte jener Nacht und der Folgen in der Fuggerei und in ganz Augsburg nähergebracht. Da tut es gut, bald wieder nach oben ins Licht steigen zu können.

Augsburg und die Renaissance

Eines der bekanntesten Wahrzeichen Augsburgs ist das Ensemble aus Rathaus, Rathausplatz mit Augustusbrunnen und Perlachturm. Es mutet italienisch an, über den Platz zu schlendern und Eis zu essen oder frisch gekaufte Pralinen in der Tasche zu haben. Tatsächlich könnte Augsburg München den Titel als nördlichste Stadt Italiens streitig machen: Das Rathaus wurde von Elias Holl in der Spät-Renaissance erbaut und wird bis heute als eines der bedeutendsten weltlichen

Gebäude der Renaissance nördlich der Alpen gehandelt. Tatsächlich war Augsburg damals eine große, mächtige Handelsstadt und der ganze Stolz der Bürger. Die hoch aufragende Fassade, auf der die Zirbelnuss, die auch auf dem Augsburger Stadtwappen zu finden ist, und ein Reichsadler prangen, verdeutlichen dies und zeigen allen Besuchern die Pracht der Stadt, sobald sie den ersten Schritt auf den Rathausplatz getan haben.

Die Fassade wurde 1620 fertig gestellt, die Innenausstattung folgte fünf Jahre später. Hier sind der berühmte Goldene Saal und die Fürstenzimmer zu nennen, in denen man auf Wunsch auch eine prunkvolle Hochzeit feiern kann. Der Goldene Saal liegt im zweiten Stockwerk des Rathauses und von den Fenstern aus kann man das Treiben auf dem Rathausplatz beobachten. Er sollte ursprünglich als Tagungsort für den Reichstag dienen; tatsächlich wurde hier nur zwei Mal im achtzehnten Jahrhundert ein Reichstag abgehalten, weil ansonsten Regensburg diese Ehre zuteil kam. Stattdessen stellte der Goldene Saal einen Empfangs- und Versammlungssaal der Stadt Augsburg dar. Mit Gold wurde hier tatsächlich nicht gespart; die 14 Meter hohe

Decke ist komplett vergoldet und zeigt verschiedene symbolische Motive. Die angrenzenden Fürstenzimmer sind wesentlich schlichter gehalten, sind mit Holzwänden und Kachelöfen ausgestattet und dienten in der Vergangenheit als Aufenthaltsraum von wichtigen Gästen. Heute werden sie gerne von den Augsburgern für Trauerfeiern angemietet.

Wenn man nach so viel Kultur die Beine noch anstrengen will, warten noch 258 Stufen im benachbarten Perlachturm darauf, erklommen zu werden. Die Rekordzeit von 47,28 Minuten werden Sie wohl kaum knacken, die bei einem der jährlichen Perlachturmläufe aufgestellt wurde. Aber darauf kommt es ja auch nicht an. Der Turm zählt zu Augsburgs höchsten Gebäuden, sodass man von oben einen atemberaubenden Ausblick über die ganze Stadt und weit in das Umland hinein genießen kann. Auf das Rathaus, das man gerade zuvor besucht hat, kann man auf Augenhöhe hinübersehen, es wirkt zum Greifen nah. Bei schönem, föhnigem Wetter offenbart sich das Alpenpanorama in der ganzen Länge von Ost nach West. Von unten kann man schon erkennen, ob sich der mühevolle Aufstieg lohnt: Wenn am Turm eine gelbe Fahne gehisst wird, reicht die Sicht bis zu den

Alpen. Aus dem Dunst des Alpenvorlandes ragen nur die höheren, imposanten Gipfel auf, die je nach Jahreszeit ihren Felsen zeigen oder aber von funkelnden Schnee- und Eispanzern bedeckt sind.

Das Wahrzeichen des Turmes ist der drachentötende Erzengel Michael, auch „Turamichele" genannt. Sollte man sich im Herbst in Augsburg befinden, lohnt es sich, am 29. September noch einmal einen Abstecher auf den Rathausplatz zu machen: Dann ist er bevölkert von Kindern, die darauf warten, dass eine Michaelspuppe hoch oben am Turm erscheint und den Kampf mit dem Drachen nachstellt. Dann werden gleichzeitig Luftballone mit Friedensgrüßen aus Augsburg losgelassen. Ein beeindruckendes Spektakel, den vielen Luftballonen beim Aufsteigen zuzusehen. Dabei muss man nur sämtliche Gedanken daran, wo diese Mengen an Plastikmüll wohl einmal herunterkommen werden, verdrängen.

Auf dem Augsburger Stadtwappen ist eine Zirbelnuss abgebildet; es ist allerding nicht gesichert, ob sie vielleicht nicht doch eine Weintraube darstellen soll. In diesem Fall würde sie auf den Römerwein zurückgehen. Die Zirbelnuss – oder auch ein

Pinienzapfen – soll schon vor der Stadtgründung die Feldzeichen der römischen Legion geschmückt haben. Wer mit offenen Augen durch Augsburg läuft, kann die Zirbelnuss überall an Gebäuden, Brücken und Fußwegen entdecken.

Augsburgs Gärten

Den Botanischen Garten und den Tierpark am selben Tag zu erkunden ist sicherlich anstrengend, bietet sich aber an, da beide direkt nebeneinander liegen. Schade ist nur, dass es keine Kombi-Eintrittskarten gibt, noch muss man für jeden Park getrennt ein Ticket kaufen. Die Kombination ist nur bei Jahreskarten möglich, die sich bei einem einmaligen Besuch leider nicht lohnen. Beide Parks sind am nordwestlichen Rand des Siebentischwaldes gelegen, der wiederum nahtlos in den Augsburger Stadtwald übergeht. Somit bildet die Kombination aus gebührenpflichtigen Gärten und frei zugänglichen Wäldern einen riesigen Naherholungskomplex, vor allem, da man direkt vom Wald aus das Landschaftsschutzgebiet der Lechauen erreichen kann.

Schon im neunten Jahrhundert wurden in Augsburg die ersten exotischen Tiere ausgestellt. Die Grundlagen der heutigen Zooanlage liegen im Nationalsozialismus, als den Besuchern die Vielfalt der heimischen Tierwelt nähergebracht werden sollte. Während des Krieges wurde der Tierpark allerdings schwer von Bomben getroffen, sodass er erst 1947 für Besucher wieder zugänglich war. Bald wurde in Augsburg der Wunsch laut, auch exotische Tiere zu sehen. Diesem Wunsch wurde entsprochen, indem nach und nach neue Tiere von weltweiter Herkunft hinzugekauft wurden. Heutzutage leben in der Obhut des Tierparkes etwa 240 Tierarten – und wesentlich mehr, wenn man die freien Tiere mitzählt, die die strukturreichen Lebensräume mitnutzen. Auch hierbei spielt die Nähe zum Siebentischwald und den Lechauen eine große Rolle.

Der Tierpark unterhält sowohl Freigehege als auch Aquarien, Terrarien und beheizte Hallen. In den Volieren der Tropenhallen sind einige einheimische und nordamerikanische Limikolen-Arten untergebracht. Das Artenspektrum umfasst Klassiker wie Löwen und Elefanten, aber auch unbekanntere Tiere wie Daghestanische Ture (die unseren Steinböcken ähneln), Fenneks (eine Fuchs-Art) oder Spornschildkröten.

Der Zoo Augsburg engagiert sich seit vielen Jahren in Artenschutzprojekten auf der ganzen Welt. Momentan geht es dabei nur um Arten, die im Zoo gehalten werden, sodass sich die Besucher die Projekte am echten Tier besser vorstellen können und die Zootiere stehen Pate für ihre wildlebenden Artgenossen. Finanziert wird der Naturschutzfonds von Spenden und den Eintrittspreisen: Automatisch zweigt der Zoo einen geringen Betrag des Eintrittsgeldes direkt für diese Projekte ab. Beispielsweise konnten im Zoo die vom Aussterben bedrohten Breitmaulnashörner erfolgreich nachgezüchtet werden. Gleichzeitig läuft im Ursprungsland Uganda ein Projekt zum Breitnashornschutz, indem Naturschutzgebiete ausgewiesen und verstärkt bewacht werden. 2019 wurden 5 junge Breitmaulnashörner geboren. Je mehr Züchtungsprojekte es gibt, desto besser ist die Bilanz der genetischen Vielfalt und somit trägt der Augsburger Zoo viel zur Erhaltung dieser Art bei. Bei einem Spaziergang durch den Zoo kann man viele Fakten über Umwelt- und Natur- schutz weltweit und vor der Haustür mitnehmen, da Umweltbildung ein wichtiges Anliegen des Tier- parks darstellt.

Daneben soll ein Besuch einfach Spaß machen. Zu diesem Zweck gibt es Führungen mit verschiede- nen Themengebieten, teilweise auf Voranmeldung und teilweise kann man sich einfach spontan an- schließen. Bei der Fütterung der Pelikane und Rob- ben kann man im Sommerhalbjahr täglich den Appe- tit der Tiere bewundern. Wer eine Art besonders ins Herz geschlossen hat, kann sich ein besonderes Ver- gnügen leisten: Für etwa 80 Euro darf man, begleitet von einem Tierpfleger, das Gehege betreten und ge- gebenenfalls das Tier streicheln. Davor sollte man sich aber gut informieren, denn dieses Angebot steht bei manchen Arten nur zu bestimmten Jahreszeiten zur Verfügung (z. B. halten Braunbären Winterschlaf und sind nur im Sommer zugänglich, während Pin- guine während der Brutzeit von Mai bis August ihre Ruhe haben dürfen). Das Elefantengehege darf über- haupt nicht betreten werden und bitte denken Sie mit, bevor Sie den Zoo kontaktieren: Pfeilgiftfrösche zu streicheln, sollte auch kaum möglich sein.

Wenn Sie schon länger in Augsburg verweilen, Ihnen allmählich das Geld ausgeht und Sie sich den Eintrittspreis sparen wollen, können Sie eine Art aus dem Tierpark umsonst beobachten: die Przewalski-Pferde. Hierzu müssen Sie zum Südrand zur Königsbrunner Heide reisen. Der teils steppenartige, teils mit Kiefern bewachsene Lebensraum kommt der Herde Junghengste zu Gute, die dort in Zusammenarbeit vom Zoo Augsburg mit dem Landschaftspflegeverein als Landschaftspfleger arbeiten. Dadurch wird verhindert, dass der Boden zuwächst und die wertvolle Heidelandschaft auf lange Zeit verschwindet. Dieses Beweidungsprojekt wurde 2007 gestartet und seitdem stehen die Przewalski-Pferde ganzjährig auf der Weide, wo früher Schafe nur im Sommer grasten.

Direkt gegenüber dem Tierpark befindet sich schon der Botanische Garten. Man muss sich hier jedoch nicht von den Tieren verabschieden: Freunde von tropischen Schmetterlingen sind hier besonders gut aufgehoben. Die Tiere werden größtenteils in Costa Rica und Malaysia gezüchtet und noch im

Puppenstadium kommen sie im Botanischen Garten an, wo sie dann schlüpfen und von Februar bis März die Besucher erfreuen. Diese Schmetterlingsausstellung kostet allerdings zwei Euro extra. Wer aber den Botanischen Garten wegen der Botanik betritt, kommt hier auch voll auf seine Kosten: Hier wachsen über 3000 verschiedene Pflanzenarten, nach Themengebieten sortiert und informativ ausgeschildert. Weithin bekannt ist der Augsburger Botanische Garten für seine zahlreichen Zwiebelpflanzen, die mit der Blüte vor allem im Frühjahr eine große Attraktion darstellen. Während des Friedenfestes richtet der Botanische Garten zusammen mit dem Tierpark jedes Jahr mehrere Veranstaltungen, meist für Kinder, ein.

Den größten Flächenanteil nehmen die Freiflächen ein: Im Senkgarten wachsen wärmeliebende Pflanzen, da in der Senke die Wärme des Tages gespeichert werden kann. Rosenliebhaber werden schnellstmöglich in den Rosengarten steuern, wo auch ein Pavillon steht, der bei Konzerten und anderen Kulturveranstaltungen regelmäßig benutzt wird. Daran schließt sich ein Steingarten an, in dem trockenheitsresistente Pflanzen zu finden sind. Im

Naturgarten wird ökologischer, vielfältiger Gemüse-anbau vorgeführt und im Apothekergarten werden in Zusammenarbeit mit Augsburger Apothekern und der Bayrischen Landesapothekenkammer Heilpflanzen gezeigt, die man bei spezialisierten Führungen noch besser kennen lernen kann und die durch Tafeln genauer erläutert werden. Der letzte Teil der Freianlage stellt der Japanische Garten dar: Dort wurden die Gärten einiger japanischer Städte zum Vorbild genommen und vermitteln dem Besucher ein entspannendes, exotisches Gefühl, wenn man durch die plätschernden Teichanlagen an den Pavillons vorbei wandelt und in der Ruhe alle Alltagsgedanken abschüttelt.

Für Personen mit gesunden Kreisläufen geht es dann in die Gewächshäuser hinein: Hier gedeihen die Pflanzen, für die das Klima draußen zu widrig ist: Die Vegetationszone der Savannen und zu einem großen Teil der Tropen wurden nachempfunden und dementsprechend heiß und feucht ist es drinnen. Aber Schwitzen ist ja bekanntermaßen sehr gesund und da kann es nicht schaden, sich nach einem langen Tag an der frischen Luft ein wenig Zeit zu nehmen, um all die fremden Pflanzen zu bestaunen.

Wer nun nach so viel Natur Blut geleckt hat und noch ein bisschen im Wald bleiben will, für den bietet sich ein Besuch im Waldpavillon an. Dieses frei zugängliche Waldmuseum liegt ein Stück südlicher als der Botanische Garten, ist aber mit einem Fußmarsch auch gut zu erreichen. Alternativ kann man mit dem Auto direkt dort parken oder mit der Trambahnlinie 2 zur Bezirkssportanlage fahren. In nächster Nachbarschaft zum Waldpavillon steht nämlich die Kletteranlage des Deutschen Alpenvereins.

In der Dauerausstellung des Waldpavillons dreht sich, nicht überraschend, alles um den Stadtwald und die heimische Flora und Fauna. Das Gebäude ist aus Holz gebaut und trägt mit dem intensiven Geruch nach Holz schon zur Stimmung bei. Damit weder Jung noch Alt langweilig wird, muss man hier keine theoretischen Informationstafeln lesen; stattdessen kann man Tierfelle betasten, ein Luftbild des Stadtwaldes betreten und alles von oben betrachten, sich spannende Kurzfilme ansehen, große Dioramen der heimischen Tier- und Pflanzenwelt bestaunen und das Augsburger Trinkwasser frisch von der Quelle probieren.

Am Ende des Tages wird man sich dann zwar

körperlich müde vom vielen Stehen und Gehen füh-
len, aber die frische Luft und die vielen Eindrücke
werden einem gewiss schöne Träume bescheren.

Ein deutsches Venedig

Augsburg liegt natürlicherweise zwischen den Flüssen Wertach und Lech. Damit gaben sich die pfiffigen Augsburger aber nicht zufrieden und bauten schon im 8. Jahrhundert die ersten Kanäle. Dies war äußerst erfolgreich, weil sie somit sauberes Trinkwasser direkt vor der Haustür hatten; genauso profitierte das Handwerk, weil die Materialien und die Produkte direkt per Wasserweg zu den Werkstätten geliefert bzw. von dort transportiert werden konnten. Mit der eintretenden

Industrialisierung war Augsburg nur aufgrund dieser Kanäle ein praktischer Industriestandort. Es gibt sie in allen Breiten – über manche kann man einfach hinüberspringen, bei anderen sind Brücken zwingend erforderlich. Dieses Stadtbild gehört seit 2019 zum Weltkulturerbe der UNESCO – zu Recht: Die zahlreichen Kanäle sind ein Wahrzeichen Augsburgs und es ist herrlich, im Sommer in einem schattigen Hinterhof zu sitzen und dem sachten Plätschern zu lauschen oder sich aber gar an das Ufer zu setzen und die Füße zu baden. Das Lechviertel trägt seinen Namen, weil sich in diesem Bereich besonders viele Lechkanäle befinden und das Viertel gleichsam auf Lechwasser gebaut ist. Wenn man sämtliche Brücken und Stege Augsburgs zählt, auch solche, die über die winzigen Kanäle führen, die oft nur zwei Häuser miteinander verbinden, kommt man auf über 500 Brücken: Diese grandiose Anzahl übertrifft tatsächlich Brücken in Venedig. Nicht umsonst wird Augsburg auch als Deutsches Venedig bezeichnet.

Ebenso fundamental für Augsburg wie die Kanäle sind die Brunnen: Überall kann man Trinkwasserbrunnen finden, oft bestehen sie aus nicht mehr als einem Wasserhahn und einem Auffangbecher.

Die berühmtesten sind jedoch die drei großen Prachtbrunnen: Herkulesbrunnen, Merkurbrunnen und schließlich der Augustusbrunnen. Alle drei wurden im sechzehnten Jahrhundert erbaut und symbolisieren die drei Mächte Augsburgs: Den Stadtadel, die Kaufleute und die Handwerker.

Der Augustusbrunnen steht mitten auf dem zentralen Rathausplatz und auf ihm thront kein geringerer als der Namensvater der Stadt: Augustus. Er repräsentiert damit den Adelsstand. Der Merkurbrunnen befindet sich in der Maximilianstraße. Neben verschiedenen Inschriften ist hier eine bronzene Merkurstatue zu sehen; diese ist allerdings nur eine Kopie, da die echte Statue zu wertvoll ist, um sie draußen stehen zu lassen. Sie kann stattdessen im Maximilianmuseum angesehen werden. Merkur galt schon im alten Rom als Gott des Handels, daher wird durch diesen Brunnen das Kaufgewerbe Augsburgs repräsentiert. Der dritte Prachtbrunnen ist der Herkulesbrunnen, der ebenfalls in der Maximilianstraße steht: Auch hier ist die Herkulesstatue durch eine Kopie ersetzt worden, das Original steht ebenfalls im Maximilianmuseum. Herkules als Halbgott und heldenhafter Recke ist der Inbegriff von Kraft und

Geschick: Deshalb repräsentiert dieser Brunnen das Augsburger Handwerk.

Augsburg bei Nacht

Sommerabende haben sowieso schon immer etwas sehr Friedliches an sich, wenn es spät dunkel wird, der hektische Tag zu Ende geht, die Hitze einer angenehmen Luft weicht, die nach Bäumen duftet und die Sonne langsam untergeht – dann hat man manchmal das Gefühl, sofort noch mehr erleben zu wollen. Einen solchen Abend kann man bei einer Vorstellung in der Freilichtbühne am Roten Tor so richtig genießen. Hier führt das Augsburger Stadttheater Musicals, Theater und Balletts auf. Der Publikumsraum bietet Plätze für genau 2117 Personen. Ein Abend in der Freilichtbühne wird zu einem unvergesslichen Erlebnis, wenn sich die Stille langsam über die Stadt senkt, die von den alten Stadtmauern abgeschirmt wird, und sich das Publikum eingekesselt zwischen Bäumen und den Stadtmauern auf das Stück konzentriert ... man sollte nur auf schönes Wetter hoffen und für alle Fälle einen Pullover und eine Regenjacke mitnehmen!

Gedanken zum Schluss

Da sind Sie ja schon wieder! Sie haben sich nicht verirrt, keine Seuchen eingefangen, sind nicht ins Wasser gefallen? Gut gemacht! Abgesehen von körperlicher Unversehrtheit, hat Ihnen der Trip hoffentlich gut gefallen! Gratulation – Augsburg ist sicherlich nicht das klassische Ziel für einen Städtetrip, ob man nun deutsche, europäische oder weltweite Maßstäbe setzt. Paris, Rom, London: Das kann doch jeder! Sie sind nun, wenn Sie zurück nach Hause kommen, ein Pionier unter Ihren

Freunden. Haben Sie sich schöne Souvenirs mitgenommen, etwa einen Lego-Luther oder eine kleine Augustus-Münze? Wenn nicht, ist es auch nicht schlimm, denn nun sind Sie schließlich mit Lechwasser (oder Wertachwasser) getauft.

Vielleicht haben Sie ein Reisetagebuch geführt oder viele Fotos gemacht. Vielleicht haben Sie auch Postkarten verschickt, möglicherweise an sich selbst. Die Frage ist nun: Was machen Sie damit? Nach Hause kommen ist schön, erst mal ausruhen, auspacken, aber wie geht es nun weiter? Sind die Fotos dazu verdammt, auf der Festplatte ungesehen alt zu werden, die Postkarten verdammt, zu vergilben, das Tagebuch verdammt, zu verstauben? Was ist mit Ihren Erinnerungen? Wenn man über die heimische Türschwelle tritt, ist alles noch ganz frisch, aber die Tage werden sich zu Wochen und Monaten zusammenreihen und wenn Sie dann zurückdenken, ist dieser Trip schon ganz lange her.

Und es ist leider so, dass wir uns niemals an alles erinnern können. Sonst müsste der Kopf irgendwann so voll sein, dass man an gar nichts anderes mehr denken kann. Natürlich ist das traurig, denn wie hoch ist die Motivation, irgendetwas zu tun, wenn man davon ausgehen kann, es nach wenigen Jahren schon wieder vergessen zu haben? Warum haben Sie sich nach Augsburg aufgemacht? Vielleicht müssen wir uns nicht an alle Details erinnern. Vielleicht reicht es, nach all den Jahren dieses bestimmte Gefühl auszugraben: Den Entdeckergeist wieder zu spüren, die Offenheit, neue Wege kennen zu lernen. Wenn Sie neugierig bleiben, wird dies nicht Ihre letzte Reise gewesen sein.

Packliste

Geld & Finanzen

O (evtl.) Auslandswährung

O Bargeld

O Bauchtasche

O Brustbeutel

O Bauchtasche

O EC-Karte

O Kreditkarte

O Notfall-Telefonnummern der Banken

O Portmonee

Hygiene

O Haarbürste / Kamm

O Deo (klein)

O Shampoo

O Kulturtasche

O Sonnencreme

O Taschentücher

O Reise-Zahnbürste und Zahnpasta
O Verhütungsmittel

Kleidung

O Badeklamotten
O Gürtel
O Hosen kurz / lang
O Mütze / Cap / Hut
O Pullover
O Regenjacke
O Schlafanzug
O Socken
O Sonnenbrille
O Sportklamotten / Jogginghose
O T-Shirts
O Unterwäsche

Medikamente

O Blasenpflaster
O Anti-Durchfalltabletten
O Erste-Hilfe-Set

O Fiebertabletten

O Fiebertabletten

O Mückenschutz

O sonstige Medikamente

O Pflaster

O Kopfschmerztabletten

Unterlagen & Papiere

O ADAC Unterlagen

O Adresslisten für Postkarten

O Krankversicherungsnachweis

O Stadtplan

O Führerschein

O Unterlagen für die Unterkunft

O Wasserdichte Hülle für Reiseunterlagen

O Impfausweis

O Mietwagenunterlagen

O Personalausweis

O Reisepass

O Reisetagebuch

O evtl. Studentenausweis

O evtl. Visum
O Zug- / Bahn- / Flugticket

Taschen & Rucksäcke

O Koffer / Trolley / Reisetasche
O Regenhülle für Rucksack
O Rucksack

Schuhe

O Badeschlappen / Hausschuhe
O Schuhe und Wechselschuhe

Sonstiges

O Brille / Kontaktlinsen und Etui
O Buch zum Lesen
O Ohrenstöpsel und Schlafmaske
O Regenschirm
O Reisedecke
O Wasserflasche
O Wörterbuch

Elektronik

O Digitalkamera
O Handy
O Ladekabel
O Kopfhörer
O evtl. Steckdosenadapter
O Power-Bank

Herstellung und Verlag:

BoD – Books on Demand, Norderstedt

ISBN: 9783750494992

1. Auflage

Kontakt: Psiana eCom UG/ Berumer Str. 44/ 26844 Jemgum

Covergestaltung: Fenna Larsson

Coverfoto: depositphotos.com